no(n)sens
- gerührt und nicht geschüttelt -

Botho Kirschkern

no(n)sens
gerührt und nicht geschüttelt

Lyrik
für ein stilles Örtchen

© 2013 Botho Kirschkern

Herstellung und Verlag:
BoD – Books on Demand, Norderstedt

ISBN: 978-3-7322-8657-7

Für meine Enkel

und alle die
Sinn im Unsinn
finden

Der Floh

Ein kleiner Floh springt auf 'ne Katze.
Die bringt ihn heim.
Das ist gemein.
Jetzt hüpft dieser freche Floh
von der Katze
auf die Matratze
und denkt:
„Hier ist gut wohnen.
Jetzt fehlt nur noch Happihappi.
Ich stech zuerst einmal den Papi".
Doch,
das tat sich gar nicht lohnen,
sein Blut,
das war nicht gut.
So piesackte er die Mutter.
Sprich,
er trank ihr Blut.
Das war nicht gut für ihn.
Denn,
die Finger dieser Mutter
zerquetschten ihn –
da war er hin.

Des Kleckses Lebenssinn

Ein fetter Klecks auf einer Bluse spratzt.
Er drauf,
mit stolz geschwellter Brust
bald platzt.
Nun sind es deren zwei.
Den Klecksen ist dies einerlei,
denn jetzt prangen sie
an exponierter Stelle.
Sind nicht zu entfernen
auf die Schnelle.
Die Botschaft, die sie senden lautet:
Wir Kleckse haben uns geoutet!
Wir Kleckse lenken Blicke auf die Blusen
und die darunter wohlverpackten Busen.

Sonnenbaden

Wolkenlos und azurblau
ist der Himmel, wenn ich schau
nach oben.
Das muss ich an Italien loben.
Vom blauen Firmament,
das ein jeder kennt,
die Sonne unentwegt herunterbrennt.
Weil sie das sehr lange tut,
sendet Stund um Stund die heiße Glut,
ist es, wie ein jeder weiß,
in Italien meistens heiß.
Deshalb fahren die Teutonen
nach Italien,
sich Sonnenbrände holen.
Zuerst rot, dann dunkelbraun.
Das ist dann herrlich anzuschau'n.
Damit ein jeder diese Bräune sieht,
Frau von Welt
ein Hauch von Kleidung sich anzieht.
Bei manchen ist das sehr ästhetisch.
Bei andern wäre es diätisch
präsentiert
viel besser - garantiert

Das Känguru

Das Känguru,
das Känguru,
das macht die Augen auf und zu.
Es legt sich heute bald zur Ruh.
Weil es so müde ist wie du.

Die Fliege

Die Fliege fliegt von dir zu mir.
Erst stört sie dich.
Dann stört sie mich.
Es ist ein lästiges Getier.

Und will sie keine Ruhe geben,
dann werde ich den Batscher nehmen.
Dann ist's mit ihrem Fliegenleben aus.
A Ruh' ist wieder dann im Haus.

Der Leuchtturm

Weit im Osten steht ein Leuchtturm.
Unten geringelt wie ein Wurm.
Oben nächstens die Laterne blinkt,
ihr Licht rhythmisch in die Ferne dringt.
Dazwischen Strand.
Mit ganz viel Sand.
Will ich den Turm ganz nah erleben,
muss ich am Strande mich bewegen.
Geh' ich zu nahe an dem Wasser,
kommt eine Welle
auf die Schnelle,
dann ist mein Fuß noch nasser.
Doch weil ich in trocknen Schuhen
will unter dem Leuchtturm ruhen,
geh' ich vom Meer sehr weit entfernt.
Der tiefe Sand mich schnaufen lernt.
Der Weg ist weit.
Die Sonne scheint.
Ich schwitz schon sehr!
Und das am Meer!
Das ist nicht fair!
Der Leuchtturm ist noch lang nicht da!
Ich geh zurück, rutsch mir doch dr Buckel ra!

Bamba Variationen

Bambada
Bist du da?

Bambabo
Irgendwo?

Bambabi
Wo treff' ich sie?

Bambabe
Tut das weh?

Bambabu
Bist das du?

Frühlingsgedanken
(frei nach Goethe)

Vom Eise befreit sind Straßen und Wege.
Schmelzende Wasser füll'n Flüsse und Bäche.
Den Menschen zum Glück
meldet sich der Frühling - wenn auch träge.
Der alte Winter, in seiner Schwäche,
zieht sich nach Norden zurück.
Von dort her senden Tiefausläufer nur
störende Schauer körnigen Eises
auf Straßen und über grünende Flur.
Aber die Sonne duldet kein Weißes.

Überall regt sich pulsierendes Streben.
Straßencafés graue Städte beleben.
Doch weil Blumen fehlen im Revier,
sorgen Stadtgärtnereien dafür.
Nimm Platz auf einem dieser Café-Stühle.
Genieß den ersten Cappuccino in der Kühle.
Sieh, aus den Boutiquen einladend Tür
dringt ein buntes Völkchen hervür.
Eigentlich feiert man heut
die Auferstehung des Herrn.

Doch jeder sonnt sich heute gern,
weil sie sind selber auferstanden
von Play Station, Computerbanden
und dunklem Disco-Gedränge,
dummer Unterhaltungssucht in quetschender Enge.
Szenekneipen in ehrwürd'ger Nacht –
Vergnügungssucht hat sie ums Licht gebracht.

Sieh nur! Wie behänd sich die Mengen
durch Gärten wandernd drängen.
Mit Proviant – meist flüss'gem – schwer beladen,
sieht man viele Bollerwagen.
Auf den Flüssen, breiten und auch engen
sich die bunten Kanus zwängen -
manche bleiben an den Felsen hängen.

Ich seh' schon der Biergärten Getümmel,
denn hier ist des Volkes siebter Himmel.
Zufrieden jauchzet Groß und Klein:
Hier bin ich Mensch, hier darf ich's sein!

Engel

Ein Engel am Morgen
Vertreibt Kummer und Sorgen.
Ein Engel, der am Abend wacht,
deinen Schlaf erholsam macht.

Verkehrslärm

Ein LKW macht brumm!
Zwei LKWs machen brumm, brumm!
Drei LKWs machen brumm, brumm, brumm!

Ein Fahrrad macht kling!
Zwei Fahrräder machen kling, kling!
Drei Fahrräder machen kling, kling, kling!

Ein Auto mach tüt!
Zwei Autos machen tüt, tüt!
Drei Autos machen tüt, tüt, tüt!

Brumm, kling, tüt!
Kling, tüt, brumm!
Tüt, brumm, kling!

Der Paddler und seine Frau
(frei nach dem Märchen „Der Fischer und seine Frau)

Ein Paddler lebt am großen Meer
Mit seinem Weib in einem Hause schnucklig klein.
Das Weib, das wollte immer mehr,
wollt einfach nicht bescheiden sein.
Sie ließ ihm niemals seine Ruh,
setzt ihm mit ihren Wünschen täglich zu.
Deshalb der Paddler flieht aufs Meer hinaus,
will dem Horizont entgegen streben.

Derweil hat sich ein Fisch, ein Butt,
in einem Netz verfangen.
Zappelt. Kämpft um Freiheit und sein Leben.
Der Paddler hört sein ängstlich Rufen,
erkennt des Fisches Bangen.
„Befrei mich aus des Netzes Pein,
es soll auch nicht dein Schaden sein".
Der Paddler greift ins Netz. Der Fisch ist frei.
Schwimmt freudig um das Boot.
„Damit länger nicht in deiner Schuld ich sei,
weil du mich gerettet hast aus großer Not,
einen Wunsch ich dir erfüllen will.
Überleg dir's gut, sei jetzt ganz still".

Der Paddler erzählt das alles seinem Weib.
Die sieht die Chance ihres Lebens.
„Du Trottel", spricht sie,
den Schlaf dir aus den Augen reib!
Fahr raus, zum Butt,
wünsch dir 'ne Villa in der Stadt!
Und wehe dir, wenn es vergebens!
Lass dich nicht ohne Stadthaus seh'n
Sonst soll es dir gar schlecht ergeh'n!"

Der Paddler setzt sich in sein Boot.
Die See ist rau. Er muss mit den Wellen ringen.
Er eskimotiert. Er ist in Not!
Da hört er den Butt in der Ferne singen.
„Paddler, was treibt dich raus zu mir?"
„Mein Weib, sie will etwas von dir".
Der Butt hört sich des Paddlers Nöte an.
„Sag deinem Weib,
ich will ihr diesen Wunsch erfüllen.
Sag ihr, nur,
weil du ein herzensguter Mann,
will ihre Gier ich stillen.
Verlangt sie mehr, kommst du nochmal,
kann es sehr wohl passieren,
dass du und sie, dass ihr,
wohl werdet alles das verlieren".
Der Paddler merkt sich's ganz genau.
Er überbringt die Botschaft seiner Frau,
seiner Plage.

Am nächsten Tage
Erhalten sie ein groß Geschenk:
In einer Tombola, der erste Preis,
ein prächtig Haus, in bester Lage.
„Liebe Frau, ich bitte dich, stets daran denk,
was der Butt uns riet, sollten wir nicht vergessen.
Äuß're keine Wünsche mehr, sei nicht vermessen".

Das Weib jedoch, stürzt sich ins Leben.
Vergisst sich. Genießt in vollen Zügen.
Will mit viel Geld nach Anerkennung streben.
Hört nicht auf ihres Mannes Rügen.
Dem ist das glamouröse Leben leid,
verbringt in seinem Paddelboot viel Zeit.

Die Zeit vergeht,
wie ihr's auch seht.
Sie nagt am Putz von Weib und Haus.
Der Jugend Schönheit ist vorbei.
Illustre Gäste bleiben aus.
Das täglich öde Einerlei
Macht diese ehemals so schöne Frau ganz krank.
Ebbe ist auch auf der Bank.

Im Himmel, im Olymp, ein Platz
als zweite Hera neben Zeus,
dem alten Gott von Griechenland,
das wäre was für diese Frau!
Sie hat noch einen Trumpf, den Mann,

den verbindet doch ein innig Band
mit einem Wunder bringend Fisch.
Dann wären ihre Sorgen allemal vom Tisch!
Sie wäre schön für alle Zeit.
Unsterblich! Welch' wunderbar Gedanken!
Ihr Mann, der Paddler, wär endlich weg ganz weit!
Welch' Sagen, Lieder würden sich um sie ranken?!
Drum fährt sie schnell zu ihrem Mann,
dass der mit dem Butt das regeln kann.

Seufzend, das Schlimmste ahnend schon,
stürzt sich der Paddler in die aufgewühlte See.
Die Wogen, voller Hohn,
tun Mann und Schiff sehr weh.
Und in diesem tosend Element
der Paddler den Fisch, den Butt, erkennt.
„Butt, oh lieber Butt,
im Meer, dem wilden,
meine Frau, die Ilsebill,
die will nicht so, wie ich es will.
Will Hera sein,
unsterblich in olympischen Gefilden".
Der Butt erstarrt und brüllt: „Die Ilsebill?!"
Wind und Wellen, die Naturgewalten werden still.
Den Butt ergrimmt's. Leise zum Paddler er spricht:
„Das ist zu viel. Das kriegt sie nicht!"
Und wieder tosen die Naturgewalten rau.
Dem Paddler das gar nicht goutiert.

Im Haus am Meer trifft er auf seine Frau.
Was ehemals eine Schönheit war,
zum heulend Elend ist mutiert.
Doch er besiegt in dieser Stunde seinen Frust,
nimmt sie in die Arme,
drückt sie an seine breite Brust.
„Schau, Weib", sagt er zu ihr,
„Was soll der Reichtum, das viele Geld?
Glaub mir, das Glück, das Leben dir erhellt,
wenn von irdisch Werten du dich trennst
und wahre Werte kennen lernst!"

Und weil dies nur ein Märchen ist,
hat es ein Happy End.
Im Leben es meist' anders ist,
wie's jeder von uns kennt.
Und wenn sie nicht gestorben sind,
der Paddler und die Frau,
dann leben sie noch heut, das weiß ich ganz genau.

Blau (1)

Blau,
ist nicht nur farblich rein.

Blau,
kann auch ein fürchterlicher Zustand sein.

Blau,
gekleidet sind die Ordnungshüter.

Blau
machen, produziert kaum Güter.

Winter im Frühling

Das Bienchen klein und frech
hat heute wirklich Pech.
Sie fliegt aus ihrem Bienenhaus,
doch was sie sieht, das ist ein Graus!
Wo ist das duftend bunte Blütenmeer?
Sie sieht gar keine Krokusse mehr!
Der Winter kam zurück mit großer Macht,
hat alles nochmal weiß gemacht.
Das arme Bienchen flüchtet sich
unters Rosenblatt und friert gar fürchterlich.
Das Fliegen fällt ihr richtig schwer.
Auch Nektar gibt es nirgends mehr.
Total durchnässt und steif gefroren,
landet sie vor des Bienenhaus' Toren.
Sie denkt:
Ich warte auf des Frühlings Sonne.
Erst dann macht fliegen
und Honig sammeln Wonne.

Sommer

Im Sommer scheint die Sonne heiß.
Das ist so, wie ein jeder weiß.
Es sei denn von dem großen Ozean
kommt ein Tief mit Regen an.

Unter dieser Wolkendecke
spielt die Sonne dann Verstecke.
Aus ist's mit dem Sonnenbaden;
Kinder jetzt durch Pfützen waten.

Aber, sind die Wolken weg,
kommt die Sonn aus dem Versteck.
Sendet ihre warmen Strahlen.
's ist wieder Zeit für die Sandalen.

Herbst

Dunkle Morgen
Feuchte Wiesen
Nebel liegt im Tal.

Bunte Blätter
Kahle Bäume
Kühl wird's allzumal.

Warme Stuben
Kalte Winde
Äpfel liegen überall.

Knecht Ruprecht
(Version 2013)

Von drauß',
vom Einkaufszentrum komm ich her,
ich muss euch sagen, es weihnachtet sehr!
All überall auf den künstlichen Tannenbaumspitzen
seh' ich gold'ne Lichtlein blitzen.
Und aus der Tiefgarage Tor
flitzt so manches Auto,
voll mit Geschenken, hervor.
Und wie ich so strolch' durch die vollen Läden
hör ich durchs Handy das Christkind reden:
„Knecht Ruprecht!" ruft es, „alter Gesell,
schwing dich aufs E-Bike und spute dich schnell.
Denn Alte und Junge sollen nun
von der Hektik des Lebens heute ruh 'n.
Denn morgen flieg ich hinab zur Erden,
dann soll es wieder mal Weihnachten werden".
Und ich: „Oh liebes Kind,
ich starte mein E-Bike geschwind.
Ich muss nur noch im Gold 'nen Buche schaun',
ob ich darf den Wunschzetteln trau'n".
„Hast dein Day-Pack auch bei dir?"
Ich sag: „Der Day-Pack, der ist hier.
Denn Computer, Spiele und 'ne CD,
ohne das, tut's den Kids arg weh!"
„Hast die Peitsche auch bei dir?"
Ich sprech': „Das Ding ist hier.

Doch auch für Teenies, auch die Schlechten,
gibt's heute keine Hiebe mehr auf den Teil, den Rechten".
Das Christkind meint: „ Ich seh', ich seh'
Man tut den Kindern heut nicht mehr weh!"
„Ich leg nun auf und sause los,
sonst geht die Bescherung noch in die Hos".

Von drauß' vom Einkaufszentrum komm ich her,
ich muss euch sagen, es weihnachtet sehr!
Nun sprecht, wie es herinnen ist:
Sind's gute Kids, sind's böse Kids?"

(Original: Theodor Storm, 1862)

Der Hypochonder

Morgens bin ich kerngesund.
Aber, zur fortgeschritt'nen Mittagsstund
schleicht sich ein teuflisch Unwohlsein
vom Kopf bis in den Magen rein.

Im Kopf, da hämmert's, „bleib zu Haus!"
Der Magen rebelliert. Es ist ein Graus.
So kann ich zu der Arbeit nicht,
egal, was morgen auch der Chef nur spricht.

Doch diese Krankheit ist fatal.
Sie breitet sich aus von Mal zu Mal.
Sie ergreift den ganzen Körper bald,
macht auch vor andern Gliedern nicht mehr Halt.

Die Kniegelenke knacken fürchterlich!
Der Zahn schmerzt heute jämmerlich!
Ich kann nicht auf die Arbeit geh'n!
Das muss ein jeder doch versteh'n!

Ich bin ein Wrack in jungen Jahren!
So Schmerzen muss man erst einmal erfahren!
Da muss ich doch zum Doktor gehen.
Mit dem Attest von ihm kann jeder sehen
wie krank ich bin,
in meinem Innersten hier drin!

Am nächsten Morgen, welch ein Wunder,
wach ich auf, gesund und munter.
Doch trügt der Schein? Ich bleib noch liegen,
sonst mich die Schmerzen wieder kriegen.

Mittags dann: das Handy schellt.
Mein Freund mich auf den Fußballplatz bestellt.
Die Schmerzen sind ganz plötzlich weg.
Egal, wie ich mich reck und streck.

Ich raff mich auf, streck meine Glieder!
Ich habe die Gesundheit wieder!
Es sei mir armen Tropf gegönnt,
dass ich nun wieder laufen könnt.
Ganz ohne Schmerzen, vom Kopf bis zu den Füßen.
Die ganze Welt will ich begrüßen!

Das Bübchen und der Mond

Liebe Mama, schau, der Mond scheint hell!
Bitte heb mich hoch ganz schnell!
Dass ich den Mond ergreifen kann!
Sieh, er lacht! Im Mond, der Mann!

Mama hebt ihn hoch, den Bub.
Doch leider ist's nicht hoch genug.
Der Mond ist noch in weiter Ferne.
Greifen tät ihn das Bübchen gerne.

Am Abend liegt es brav im Bett.
Der Mond am Himmel lacht ganz dick und fett.
„Komm rauf zu mir!" hört der Bub ihn sagen.
Doch wie nur wie? Wollt fast verzagen.

Vorm Fenster eine Wolke steht.
Mit seiner Leiter, seht nur seht!
Der Bub von Wolk zu Wolke steigt.
Der Mond, den richt'gen Weg ihm zeigt.

Nun ist's beim Monde angekommen.
Wird von ihm herzlich aufgenommen.
Des Mondes Schäflein will er fangen.
Hat keine Angst, verspürt kein Bangen.

Doch plötzlich wird es richtig dunkel.
Um ihn herum nur Sterngefunkel.
Die Sonne hat sich gut versteckt.
Sie den Mond mal wieder neckt.

Das Bübchen friert, will ins Bettchen heim,
will nicht länger bei dem Silbermonde sein.
Der lässt, auf einem silbrig glitzernd Strahl,
es rutschen hinab, ins Erdental.

Am Morgen, der Bub in seinem Bett erwacht.
Die Sonne durch das Fenster lacht.
„Mama, ich war beim Mond hoch droben,
konnt' mit seinen Schäfchen toben".

Die Mama nimmt in den Arm das Bübchen,
trägt es hinunter in das Stübchen.
„Du warst beim Monde heute Nacht?
Hast mir 'nen Mondstein mitgebracht?"

Blau (2)

BLAU ist das Wasser.
 LAU sind die Lüfte.
  AU macht das Feuer.
   U macht der Uhu

Donnerwetter

Den Sommer willst du in vollen Zügen
genießen in Italien - bei Venedig drüben.

Denkst an Sonne, nicht an Rügen,
glaubst dich im sonnigen Süden.

Doch die Realität straft dich Lügen:
Das Wetter ist wie auf Rügen.

Mal Sonne, mal gießt es wie aus Krügen.

Happy Birthday

Heute gibt es bei Brigitte Kuchen,
weil, es ist ein ganz besonderer Tag.
Leider kann ich Brigitte nicht besuchen
an diesem, ihrem Ehrentag.
So wünsch ich ihr das Allerbeste
zu diesem ihrem Wiegenfeste.

Das Breitmaul-Schnabelgaul-Tier

Im Zoo machst du mit bei einem Tanz.
Dabei ist ganz
nah vor dir
ein Breitmaul-Schnabelgaul-Tier.
(Oder waren es gar vier?)

Diese Gattung ist sehr niedlich
und eigentlich auch äußerst friedlich.
Es sei denn, und das trifft hier zu,
man belästigt sie in ihrer Ruh.

Stell dir vor: mit einem Knall
kommst du zu Fall
und stößt mit deinem Hintern
an den Brautmaul-Schnabelgaul-Hintern.

Das dreht sich um.
Bum!
Es senkt den Kopf.
Will es dich armen Tropf
Beißen?
Instinktiv tust den Arm hochreißen.

Der Arm,
ist eingepackt in einer Jacke von feinstem Garn.
Im Winter gibt sie Schutz.
Jetzt wirkt sie als Trutz-
Burg vor dem ärgerlichen Tiere.
Beißen wollen sie nicht. Sind's doch viere?

Du weichst zurück.
So ganz gebückt.
Das Tier
hast du konzentriert im Visier.
Es bleibt ruhig stehen.
Du kannst die Beißer sehen.

Mit tief gesenktem Breitmaul-Schnabelgaul-Genick
hat es nur dich in seinem Blick.
So kann es den kleinen Jungen nicht erspähen,
der hinter ihm tut nähen.

Der Junge setzt sich schnell –
und das war hell –
auf das geschlossene Maul
von dem Breitmaul- Schnabelgaul.

Aus seiner Tasch' holt er ganz rasch
eine lange Schnur.
Die wickelt er jetzt nur
noch von dem gesenkten Schnabel
bis hinunter zu dem Bauchnabel.

Und eins, zwei, drei, vier
Macht er dem ganz verdutzten Tier
am Schnabelmaul einen Knoten –
das ist aus Tierschutzgründen eigentlich verboten.

Stolz führt der junge Mann
jetzt die Polonaise an –
mit dem Breitmaul-Schnabelgaul,
der eigentlich ist faul,
an der Leine.

Schade, Fotos gibt es von diesem Traume keine,
denn irgendwie verheddert sich der Apparat
in meiner Tasche – was nicht apart,
denn so lässt sich nicht dokumentieren,
der wilde Traum von den
Breitmaul-Schnabelgaul-Tieren.

Variationen

Das Reh springt hoch.
Das Reh springt weit.
Warum auch nicht? Es hat ja Zeit.

Der Fisch schwimmt tief.
Der Fisch schwimmt weit.
Warum auch nicht? Er hat ja Zeit.

Der Mann isst viel.
Der Mann isst gut.
Warum auch nicht? Er trägt nen Hut.

Kokolores

Dada ist gaga.
Gaga macht Fun.
Fun macht Gaga.
Lasst Dada nur ran.

Spagetti-Soße rot

Ein Rezept in Reimen für vier Personen
Für eine allein tut's sich nicht lohnen.
Nimm eine Zwiebel mittelgroß und fein geschnitten.
Dazu vom Knoblauch eine Zeh reindrücken.

Das dünste an in guter Butter,
so macht es auch die Schwiegermutter.
In Italien nimmt man Öl von der Olive
Das gibt der Soße eine ganz besondre Tiefe.

Eh alles braun und schwarz gebrannt,
lösch ab mit Rotwein aus dem Land.
Doch sei damit auf der Hut
Zwei große Löffel reichen gut.

Aus der Dose die Tomaten,
zu vorgehackten lass dir raten.
Zum Würzen brauchst du Löffelspitzen:
Salz, Paprika und Pfeffer sollen nur die Gaumen kitzeln!
Vom Oregano darfs gut sein,
aber mehr als einen Löffel gib nicht rein.
Das soll jetzt köcheln still, so vor sich hin,
denn noch ist keine Sahne drin.
Ein Schucker Sahne tut ihr gut,
weil dann die Soße in sich ruht.

Guten Appetit! Und wer isst mit?

Alptraum
Frei nach dem „Zauberlehrling" von Johann Wolfgang von Goethe

Hat der Chef sich endlich wegbegeben!
Und nun soll sein Computer mal nach meinem Willen
leben.
Seine Klicks und Daten merkt ich und den Brauch.
Und mit Mäuschens Tasten geb ich Bestellungen auf.

Klicken, Klicken! Mit der Maus
Finde ich ins Internet hinaus.
Der Bestellung Daten fließen.
Und ein reiches Schicken soll in die Firma sich ergießen.

Und nun komm du alter Kasten!
Sei kein störrisches Getier!
Folg dem Befehle meiner Tasten!
Schick jetzt ab die Mails von mir!
Nun erfülle meinen Willen!
Von da ein Buch!
Von dort die Pillen!
Such, Maschine, such!

Klicken, klicken! Mit der Maus
Finde ich ins Internet hinaus!
Der Bestellung Daten fließen.
Und ein reiches Schicken soll in die Firma sich ergießen.
Seht, die Mail ist abgeschickt!
Wahrlich, schon ist sie beim Verlage!

Es ist mir geglückt!
Und mit Blitzesschnelle – oh, ich klage!
Schickt er die Mail zum zweiten Male!
Wie der Raum sich füllt!
Wie ein jedes der Regale
Von den Büchern schwillt.

Storniere! Storniere!
Denn wir haben
Deiner Gaben
Voll gemessen!
Ach, ich merk es, wehe, wehe!
Hab das Passwort wohl vergessen.
Ach, den Befehl, worauf am Ende
Er wird das, was er gewesen!
Ach, er rattert ganz behände!
Hätt ich die Anleitung nur gelesen!
Immer neue Lieferungen
Von der Post, das war's gewesen,
dringen in die Niederungen,
stürzen auf mich ein.

Nein, nicht länger!
Ich kann's nicht lassen!
Will ihn fassen!
Das ist Tücke!
Ach, nun wird mir bang und bänger
Und die Bestellung immer länger.

Oh, du Ausgeburt der Hölle,
soll die ganze Welt ersaufen?
Seh ich über jede Schwelle Bücherströme laufen.
Ein verruchter Kasten, der nicht hören will!
Bit und Bites, die ihr gewesen
Steht doch wieder still!

Willst's am Ende gar nicht lassen?
Will dich fassen.
Will dich halten. Jetzt , oh Graus,
dreh ich dem Kasten ganz behände
ab den Strom, ich schalt ihn aus!

Seht! Er startet wieder!
Bootet sich hinauf!
Gleich, oh Kobold liegst du nieder!
Ich zieh dir den Stecker raus!

Wahrlich, brav getroffen.
Seht, jetzt ist er aus!
Es grenzt an Zauberei.
Nun kann ich auf das Ende hoffen.

Wehe! Wehe!
Hörst du ihn rattern?
Notstrom er sich konnt ergattern!
Und er baut Programme auf.
Völlig fertig in die Höhe.
Gibt erneut Bestellungen auf.

Und sie kommen!
Eng und enger
Wird's im Büro und auf Treppenstufen.
Welch entsetzliches Gedrängel!
Chef und Fachmann! Hör mich rufen!

Ach, ich endlich ihn erblickte!
Chef, die Not ist groß!
E-Mails, die ich schickte,
kopiern sich hoffnungslos.

„Aber hallo!" ruft ne Stimme, „Wach nur auf!
Frühstückskaffee gibt's zu hauf!"
Schweiß gebadet er sich im Bett erhebt.
Seit dem Traum ihm sich manche graue Locke dreht.

Das Lied vom Imker

Ein Mann, der Zeit hat und auch Kraft,
im Leben steht, noch voll im Saft,
überlegt: Was kann ich sonst noch tun,
als mich ständig auszuruhn?

Er könnte fahren mit dem Rad,
ins Fitnesscenter gehen von früh bis spat,
werkeln im Haus und auch im Garten,
das tät in Arbeit bald ausarten.

Der Mann sinnt jetzt ganz viel nach.
Es ist ein richtig Ungemach.
Er schaut hinaus und sieht die Bienen summen,
wie sie von Blüt zu Blüte brummen.

„Heureka!" ruft er, „ja, das ist es!
Bienen züchten, ja das bringt es!
Bienen bringen Honig mir,
Imker sein, das macht Pläsier!"

Ein Mann, ein Wort, jetzt ist er heiter,
er bildet sich in Sachen Bienen weiter.
Lernt vieles übers Volk der Immen,
will einen hohen Wissensstand erklimmen.

Bald ist's soweit, ein erstes Volk nennt er sein Eigen.
Nun muss er seine Fähigkeiten zeigen.
Umsichtig plant und baut er aus,
den Bienenstand, das Bienenhaus.
Mit viel Geschick und Gottes Segen
tun sich die Bienen fleißig für ihn regen.
Sie fliegen viel tagein, tagaus
und bringen Nektar mit ins Haus.

Der Imker sieht's mit großer Freude,
denn sie ist reich, der Bienen Beute.
Mit viel Geschick und Sachverstand
nimmt er die erste Ernte in die Hand.

Ab mit den Waben in die Zentrifuge.
Seht, wie er rinnt, der Honig, in einem Zuge
tröpfelt er in den Stahlbehälter.
Hierin wird er langsam älter.

Ständig rührt er nun die süße Masse,
denn Rühren macht den Honig klasse.
Zum Schluss wird die süße Pracht
in viele Gläser eingemacht.

„Hurra!" ruft er, „liebe Frau,
Schau nur schau!
Glas für Glas ein Hochgenuss,
den man wirklich loben muss!"

Ein Hoch auf unsern Imkersmann,
auf den man wirklich stolz sein kann.
Ein Hoch auf seine vielen Immen,
auf dass sie weiter Honig bringen.

Hundewetter

Novemberwind bläst Furcht erregend.
Blätter fliegen durch die Gegend.
Regen fällt, es gießt aus Kübeln.
Dem Hund kann man es nicht verübeln,
wenn er bei diesem Wetter will nicht raus,
dann bleibt das Herrchen halt auch zu Haus.

Zwick und Zwack

Zwick und Zwack,
die beiden Gnomen bereiten Schmerzen
und das nicht nur am Herzen.
Ja, ja,
die Gnome Zwick und Zwack
trägt man meistens huckepack.
Du kannst sie nicht sehen, sie sind so klein,
aber Zwick und Zwack, die sind nicht fein.

Stell dir vor, du sitzt im Sessel.
Der Tee summt schon im Kessel.
Jetzt kann es sein, dass Zwick und Zwack
kommen raus aus ihr'm Versteck.

Mit einer Lupe riesengroß
kann man sie sehen bloß.
Nur so kannst du erhaschen einen Blick
vom Gnomen Zwack und auch vom Zwick.
Du siehst sie lachen, tanzen singen,
doch leider tun sie keine Freude bringen.

Gute versteckt im Mantelkragen
tun sie uns gewaltig plagen.
Erst merkt man nichts, man denkt der Wind
Kühle an den Hals ranbringt.

Erst drückt der Zwack, dann zieht der Zwick.
Gleich brennt es heftig im Genick,
das ist der beiden fieser Trick.
Willst du die beiden Gnomen fassen
und dich zum Beispiel fest massieren lassen,
dann sind die beiden weg
von diesem Körperfleck.

Am nächsten Morgen wachst du fröhlich auf,
doch stellst du dich auf deine Füßchen drauf,
dann zwickt dich Zwack am kleinen Zeh
und Zwick tut dir am Großen weh.

Und bückst du dich, um dich zu reiben,
tust du die beiden nicht vertreiben.
Sie verstecken sich in Körperfalten,
da ist's schön warm, da sind sie nicht im Kalten.

Du hast gejoggt den ganzen Tag,
so wie's dein Körper richtig mag –
am Abend plötzlich, was ist das bloß?
Im Köpfchen hämmert's gnadenlos.

Und drückst du vorne an der Stirn,
prompt wandert Zwick zum hinter'n Hirn.
Derweil der Zwack in der Augenhöhle
herumtobt mit lautem Gegröle.

Ein ander Mal,
du denkst nichts Böses, mein liebes Kind,
im Bäuchlein rumort ein kräftiger Wind!
Allein, er findet den Weg nicht raus,
weil Zwick und Zwack haben verschlossen
den Gang hinaus!

Sie freuen sich und tanzen rum.
Derweil biegst du dein Bäuchlein krumm.
Es drückt und schmerzt, der Wind will raus!
Doch Zwick und Zwack macht das nichts aus.
Dann plötzlich wie ein Donnerhall
verlässt der Wind den Bauch, mit lautem Knall.

Sogar der Mund bleibt nicht verschont.
Wie oft haben sie da denn schon gewohnt?
Nach dem Genuss von Süßigkeiten
haben Zwick und Zwack gar viel zum Arbeiten.
Sie hämmern hier und bohren da,
Zwack kommt einem Nerv sehr nah!
Der Zwick räumt auf und steckt in der
Zahnfleisch Taschen
Vorräte, für später, noch zum Naschen.
Hier hilft nur eins, das weißt auch du:
Vor Zwick und Zwack hast du nur Ruh,
wenn die Zahnbürst' ist in Sicht –
und tut auch ihre Pflicht –
kriegen Zwick und Zwack nen Schreck
und rennen aus dem Mund schnell weg.

Ärgern dich die Zwei noch immer?
Dann gibt' s nur eins: ab ins Badezimmer!
Lass warmes Wasser in die Wanne ein.
Geb' gutes Badeöl zusätzlich rein.
Der frischen Öle kräft' ger Duft
in des Badezimmers Luft
treibt Zwick und Zwack mit dem Badewasser fort.
So schwimmen Zwick und Zwack an einen andern Ort.

Dada Spülen

Glas, peng, peng!
Teller, klapper!
Messer, Gabel, schepper, schepper!
Trockenständer furchtbar eng!
Handtuch nass!
Das macht kaum Spass!
Speisereste glitschig, schleimig!
Abräumer sind säumig!
Müll im Eimer!
Spülen will mal wieder keiner!

Kein Bock

Herr K.! Herr K.!
Mir hend heut koi Luscht,
des is älles so ein Gruscht.
Herr K., dürfet mir net früher gehen?
Dann könntet mir die Freunde früher sehen.
Am Bahnhof wartet die scho lang.
Ond ohne uns isch ihne bang,
wenn mir net komme tätet.
Bei dem Wetter tretet die auf dr Stell,
ond rauchet's Zigarettle viel zu schnell.

Herr K.! Herr K.!
Sehet Sie des doch ein,
es muss einfach früher sein.
Au Sie hend ja was davon.
Sie krieget doch trotzdem ihren Lohn.
Mir saget nix, mir send ganz still,
ihr Frau kriegt au en Eis, wenn sie des will.

Herr K.! Herr K.!
Lasset Sie ons no laufe,
dann könnet mir ons beim Bäcker no was kaufe.
Mir send au ganz leis ond schleichets Schulhaus ronter,
net wie' d Elefante, mir treibets net bonter,
bleibet net drinne,
des schwöre mir ihne.

Herr K.! Herr K.!
D' Mathe isch ons ganz verleid,
an Deutsch hen mir au koi Freud.
Ond was Sie ons au sonst no biete
damit sen mir net z'friede.
S' geht ja net gegen Sie persönlich,
an Ihne stört ons eigentlich wenich.
Ond au in'd Schul gehen mir ganz gern,
aber auf was mir koin Bock hen, isch halt's Lern.